Samy Molcho

ABC der Körpersprache

pickup

Samy Molcho

ABC der Körpersprache

MIX
From responsible sources
FSC® C005370

Verlagsgruppe Random House FSC® N001967
Das für dieses Buch verwendete FSC-zertifizierte
Papier *Profibulk* von Sappi liefert IGEPA

Bibliografische Information der Deutschen Bibliothek

Die Deutsche Bibliothek verzeichnet diese Publikation
in der Deutschen Nationalbibliografie; detaillierte bibliografische
Daten sind im Internet unter http://dnb.ddb.de abrufbar.

7. Auflage

Umschlaggestaltung: ZERO Werbeagentur, München
Umschlagmotiv und Fotos: Poby
Satz: EDV-Fotosatz Huber/Verlagsservice G. Pfeiffer, Germering
Druck und Bindung: A. Plenk KG, Berchtesgaden
Printed in Germany 2013

ISBN 978-3-7205-2841-2

Inhalt

Einführung

Was ist Körpersprache?

Körpersprache ist der Ausdruck unseres inneren Wünschens, unseres Befindens sowie unserer Gefühle, unseres Wollens und Handelns. Sie verkörpert unser Ich – und sie spielt daher immer mit, wenn Menschen einander begegnen, miteinander sprechen und auch, wenn sie mit sich selbst allein sind. Der Körper spricht immer.

Wenn wir offen sind für die Signale und Kommentare unserer Körpersprache und ein waches Auge auf die Körpersprache der anderen haben, können viele Gespräche und Begegnungen leichter und erfolgreicher verlaufen. Die Kenntnis der Körpersprache, des lautlosen Frage- und Antwortspiels in unserem körperlichen Verhalten, öffnet direkte Wege für einen freieren Umgang miteinander. In manchen Augenblicken, in denen wir nicht sprechen wollen oder können, spricht unser Körper weiter: Da sagt ein Blick, eine Wendung des Kopfes oder eine Geste mehr als tausend Worte.

Man kann in der Entwicklung eines Kindes verfolgen, wie das ursprüngliche Verhalten des Säuglings allmählich dem Körperverhalten angepasst wird, das in der Familie üblich ist – sonst würde es in der Familie nicht richtig verstanden und integriert werden. Angeborene körpersprachliche Signale, wie die Fluchtreaktion oder das Verkrampfen, werden durch soziale Signale, die in der Familie geprägt werden, ergänzt und teilweise auch überlagert. Durch Nachahmung und die Reaktion auf bestimmte Reize wird ein bestimmtes Verhalten verstärkt, erhält hingegen ein Reiz keine Antwort, so verkümmert er. Auch Jugendliche und Gruppen wie z.B. bestimmte Berufsgruppen haben ihren je eigenen körpersprachlichen Code, der, unterstützt durch eine bestimmte Art, sich zu kleiden und zu sprechen, die Zugehörigkeit zu einer Gruppe verdeutlicht. Man kann die »passende« Körpersprache lernen und tut das, meist unbewusst, ein Leben lang. Aber eines bleibt immer: Unsere Körpersprache stellt die eigene Wirklichkeit dar, wohingegen Wörter zumeist nur eine Absichtserklärung sind. Unser Körper reagiert immer bewusst oder spontan und kann sich nicht verstellen, wie die verbale Sprache es kann.

Körpersignale können mehrere Bedeutungen haben. Es hängt davon ab, wer sie aufnimmt und worauf sich das Interesse des Empfängers richtet. Außerdem hat man es meist nicht nur mit einem Signal zu tun, sondern mit einem ganzen System körpersprachlicher Elemente, das interpretiert werden kann.

In jeder Begegnung mit anderen wollen wir wahrgenommen und respektiert werden. Wir möchten mit den anderen in Kommunikation treten. Wahrnehmen bedeutet zuerst, Körpersignale und Verhalten zu erkennen. Kommunizieren heißt, sie richtig – und das heißt der Situation und dem anderen angemessen – zu interpretieren und verständlich zu antworten.

Unser Ziel soll daher sein, möglichst viel über Körpersprache zu lernen, um Signale richtig einschätzen und entsprechend darauf reagieren zu können und um zu wissen, wie wir selbst auf andere wirken.

A–Z

Arme

Die freie Beweglichkeit der Arme signalisiert unsere Bereitschaft und Fähigkeit zu handeln, vor allem aber zeigt sie, dass wir bereits sind, uns zu öffnen. Denn wer sich sperrt, bleibt allein. Offen zu sein heißt rezeptiv zu sein, es zeigt an, dass man bereit ist, sich mit Menschen und Dingen auseinander zu setzen. Sich dem anderen gegenüber zu öffnen, muss nicht heißen, dass wir jedermann mit offenen Armen entgegengehen. Befinden sich unsere Arme in ihrer natürlichen physiologischen Position am Körper herabhängend, zeigt der Daumen nach vorn. Richten wir den Daumen nach innen, zum Körper hin, dreht sich die Hand und der Handrücken weist nach vorn. Damit wird eine Sperre errichtet. Die sensible Handinnenfläche wird dadurch vor der Außenwelt geschützt. Von dieser Drehung ist unmittelbar auch das Schultergelenk betroffen, das die Drehung mit vollzieht und seinerseits eine Sperre errichtet und damit die Bewegung des Brustkorbs blockiert. Durch die Sperre wird auch der Kontakt bzw. der Informationsfluss in einem Gespräch gehemmt.

A

Das kann dazu führen, dass ich Signale des anderen übersehe oder nicht sensibel genug darauf reagiere. Es handelt sich in solchen Fällen fast immer um eine Hemmung in dem kleinen Balancespiel zwischen zwei Menschen, die einander begegnen. Dieses Balancespiel läuft permanent ab. Wie beim Fahrradfahren bemerken wir im Alltag gar nicht mehr, dass wir fortwährend regulieren. Durch ein kleines Angstgefühl ist diese Balance außer Kraft gesetzt und die Wiederherstellung dieses Gleichgewichts kostet uns viel Energie.

Verschränkte Arme sind im Übrigen nichts Negatives. Sie zeigen nur, dass man im Moment nicht handeln möchte, aber durchaus bereit ist, zuzuhören.

Augen sprechen

Im Umgang mit anderen spielen die Augen eine große Rolle: Wenn wir uns einem Gesprächspartner mit offenen Augen zuwenden, signalisieren wir unsere Aufmerksamkeit. Der Blick darf dabei den anderen nicht fixieren, so dass er sich beobachtet oder kontrolliert fühlt. Eine kleine Neigung des Kopfes hebt eine solche Spannung auf.

In jedem Gespräch gibt es Momente, in denen der Zuhörende für sich noch einem Gedanken nach-

Augenbrauen und Blick signalisieren einmal Unverständnis (links), einmal Nachdenklichkeit (rechts).

hängt und damit seine Aufmerksamkeit für Sekunden vom Gesprächspartner abzieht. Es empfiehlt sich dann, die Augen kurz zu senken. Das bedeutet: Ich muss kurz überlegen, bin aber noch da und kehre gleich zu dir zurück! Wende ich die Augen hingegen nach links oder rechts, kann beim Gesprächspartner der Eindruck entstehen, dass ich nicht am Gespräch interessiert bin und ihm am liebsten entfliehen würde.

Die einzelne hochgezogene Augenbraue (links), Kopfhaltung (rechts) und Blicke lassen auf Skepsis schließen.

Wir schauen also unserem Gesprächspartner voll ins Gesicht, um ihm unsere ungeteilte Aufmerksamkeit zu zeigen, blicken ihm aber nicht starr in die Augen, sondern beziehen ihn als Ganzes in unseren Blick ein.

Das Anheben der Augenbrauen zeigt Interesse an und wirkt deswegen positiv. Es stimuliert den anderen, seine Vorstellung von den Dingen noch weiter und genauer auszuführen. Wird nur eine Augenbraue angehoben, signalisiert der Zuhörende damit eher Skepsis oder, was seltener der Fall ist, er will humoristisch verstanden werden. Durch die Mimik, durch Nicken o.a. zeigt der Zuhörer auch Verständnis für den andern, die Kommunikation kommt an.

Begrüßung

Die offene Hand zeigt, dass man in friedlicher Absicht kommt und keine Waffen trägt. Wir kennen das auch aus der Geschichte, zum Beispiel aus mittelalterlichen Darstellungen von Rittern mit ihrem Gefolge, die zur Begrüßung die Waffen senken. Der übliche Händedruck in Mitteleuropa ist eine sehr offene Geste und bedeutet »Ich lege meine Kampfhand in deine Hand«. Der gleichzeitige Druck besagt aber »Dennoch bin ich nicht schwach und kann, wenn es nötig ist, auch kräftig zupacken«. Der gerade Blick sagt so viel aus wie »Ich konfrontiere dich und erkenne dabei deine Rechte an«.
Mit offenen Händen – ein Zeichen der Bereitschaft zu geben – präsentiert man die Gastgeschenke, mit denen man dem anderen Ehre erweist. Das ist in allen Kulturen üblich und in manchen asiatischen Ländern zu einem so hohen Ritual entwickelt, dass

die Art des Geschenks und der Überreichung den gesellschaftlichen Rang und die gegenseitige Wertschätzung genau erkennen lassen.

In manchen orientalischen und östlichen Kulturen wird der Boden geküsst, auf dem der hohe Herr steht. Der Untertan, aber auch der Gast, demonstriert damit seine Unterwerfung und Ehrerbietung. In osteuropäischen Ländern hält man bei der Begrüßung einander mit den Händen an den Armen fest. Dann küsst man einander brüderlich auf die Wangen. Auch in romanischen Ländern sind Umarmung und Wangenkuss ein ganz ungezwungenes Begrüßungsritual, mit dem man Achtung und Sympathie ausdrückt.

In Indien und anderen asiatischen Ländern hält man die Handflächen zueinander und grüßt durch leichtes Beugen des Kopfes: Verzicht auf Territorialkampf und Bescheidenheit.

In Japan liegen die Hände flach auf den Oberschenkeln, während man sich mit dem ganzen Oberkörper verbeugt – wie tief, das ist eine Frage des Ranges und des Respekts.

In den Kulturen Asiens und Afrikas gilt der direkte Augenkontakt bei der Begrüßung als unhöflich und wird daher entweder vermieden oder sehr schnell abgebrochen, im Westen gehört er hingegen unbedingt zum Ritual.

Beine

Die Beine sind für unsere Fortbewegung unerlässlich. Doch zuweilen verweigern sie ihren Dienst. Das kann verschiedene Gründe haben: aus Schwäche, aus Unsicherheit oder aus dem Zwiespalt von Gefühl und Pflicht: Das muss ich machen, ich will es aber nicht! Wer eine Konfrontation scheut, in die er gehen muss, nimmt seinen Körper zurück und die Füße laufen dem Körper davon. Die Zurückhaltung des Brustkorbs signalisiert, dass nicht die ganze Energie eingesetzt wird. Beim Gehen werden also immer die anderen Körperteile mitgenommen bzw. sie spielen mit.

Der Einsatz der Beine kann ganz unterschiedlich aussehen: Ein ruhiger, selbstbewusster Schritt kommt aus dem Stand. Wenn der Schritt kleiner wird, geht die ruhige Selbstsicherheit in eine vergewissernde Gangart über. Schritt für Schritt wird der Boden der Realität abgetastet und gleichzeitig eine Neigung zum Detail offenbart. Der große Schritt überspannt die Balance: Der Weg muss fortgesetzt werden, es gibt kein Anhalten. Risikofreudige Menschen gehen so. Details erscheinen ihnen nur als Hindernis auf dem erfolgversprechenden Weg und werden ausgeblendet. Und wer beim Gehen mit den Füßen kickt, als trete er gegen einen Ball, delegiert gern oder schiebt Probleme von sich weg.

Bodenhaftung ist die Voraussetzung für richtiges Stehen und eine gute und sichere Ausstrahlung.

Dabei ist es gleichgültig, welches Bein das Standbein ist.

B

Auch beim Stehen verraten die Beine einiges: Wer auf dem linken Bein steht, wird in diesem Moment mehr vom Gefühl bestimmt, steht er auf dem rechten Bein, ist er mehr vom Kalkül bewegt. Im Laufe eines Gesprächs können wir oft das Wechseln von einem Bein auf das andere beobachten. Dies entspricht dem inneren Pendeln des Gegenübers: Gefühl heißt ganzheitliche Wahrnehmung, Kalkül steht für die Konzentration auf Details.

Die beschriebene Rechts-Links-Teilung gilt für Rechtshänder, bei Linkshändern ist es genau umgekehrt. Dies lässt sich auf die Funktion unserer Gehirnhemisphären zurückführen.

Berühren

Menschen, die wir nicht kennen, berühren wir mit den Händen eigentlich nur, um ihnen eine Gefälligkeit zu erweisen oder ihnen zu helfen – wir begleiten eine alte Dame über die Straße oder helfen einem Kind, das gestürzt ist, wieder auf die Beine. Diese Zweckberührung respektiert das körperliche Tabu und ist frei von anderen Bedeutungen.

Nur bei vertrauten Menschen durchbrechen wir diese natürliche Distanz, um Kontakt aufzunehmen und größere Nähe zu gewinnen. Man legt ihnen mit einer schützenden Geste den Arm um die Schulter, um Freundschaft oder Fürsorge zu zeigen. Legt der eine den Arm um den Hals des Partners oder eines Kindes, so deutet das auf Dominanz – freundlich, aber doch unmissverständlich. Der andere ordnet sich unter und signalisiert sein Vertrauen, indem er den verletzlichen Hals freigibt.

Insbesondere das Berühren des Kopfes setzt großes Vertrauen voraus. Das Streicheln von Kopf und Wangen, die Berührung von Augen und Lippen, das Lehnen des Kopfes an die Schulter, diese Aussagen haben viele Facetten, vom Trost bis zur Zärtlichkeit, doch sie zeugen immer von einer großen Intimität in der Beziehung.

Es gibt freilich auch »Berufsberührer«, denen vertrauliche und intime Körperberührungen zugestanden werden, die sonst nur nahestehenden und geliebten Menschen erlaubt sind. Ärzte, Friseure oder Physiotherapeuten können uns nicht behandeln, ohne uns zu berühren. Diese Kontakte lösen Reize aus, das ist unvermeidlich. Wir versuchen, nicht zu reagieren, indem wir die Berufsberührer auf ihre Funktion reduzieren. Doch es liegt in der Natur des Reizkontaktes, dass sich daraus Vertraulichkeit und entsprechende Gespräche entwickeln.

Die nötige Distanz entsteht, wenn man während der Berührung den Blickkontakt vermeidet.

B

Sich bewegen

Bewegung ist Erfolg! Wir bewegen uns von einem Punkt zum andern. Wie wichtig Bewegung ist, zeigt uns schon der Sprachgebrauch: Wir brauchen Beweggründe. Es bewegt sich nichts. Beweglichkeit ist ein durch und durch positiv besetztes Wort – auch mit Blick auf die Gesundheit und das körperliche Wohlbefinden – und wie viel Bewegung steckt in dem Wort Fortschritt!

Wichtig in der Bewegung ist der Bodenkontakt. Man sieht es einem Menschen sofort an, ob er ihn hat. Er rennt nicht weg, sondern er schreitet und scheut sich nicht davor, den Boden mit seinem Gewicht zu belasten. Allzu schnelle Bewegungen sind eher schädlich. Wer sich auf sie einlässt, vermittelt leicht den Eindruck, übereilt zu handeln und nicht alles wahrzunehmen. Er ist so auf sein Ziel fixiert, dass er unterwegs stolpert, weil er nicht begriffen hat, dass der Weg zum Ziel aus mehreren Schritten besteht. Der Gang soll fließend sein, nicht stotternd und nicht sprunghaft.

Auch im Gespräch kann Bewegung wohl tun: Ausgedehnte Sitzungen machen müde und die Aufmerksamkeit schwindet, die anfängliche Körperspannung lässt nach und man sucht nach einer mehr oder minder bequemen Sitzhaltung. Hier gilt es gegenzuhalten: Wir lassen uns nicht fallen, sondern richten uns auf. Wir schlagen vor, eine kleine Pause zu machen, um kurz aufzustehen oder auch um einmal die Plätze zu wechseln. Daraus kann eine ganz neue Dynamik entstehen, man kann sogar eine Art Spielkultur daraus machen – sie wird vielleicht anfangs noch befremdlich wirken, aber bald werden alle merken, dass diese Art der Aktivität wach und kreativ macht.

Bewerbung

Wer sich bewirbt, muss sich im Klaren darüber sein, dass er sich selbst verkauft. Dafür ist unsere Ausstrahlung, der erste Eindruck, entscheidend – unser Wissen kommt erst viel später zur Geltung. Je nach Art der Position und der Branche kommt es dabei natürlich auf die Kleidung an. Das Outfit sollte schlicht sein, aber die Materialien von bester Qualität.

Übermäßig Auffallendes ist tabu, wobei es sinnvoll sein kann, irgendetwas Besonderes, ein Accessoire, an sich zu haben, das einen von den vielen anderen Bewerbern unterscheidet. Vielleicht eine Designerbrille oder eine schöne Brosche, etwas, das einen erlebbaren Eindruck hinterlässt und nicht nur objektive Information. Wenn später von den verschiedenen Bewerbern die Rede ist, sollte es heißen: »Ach ja,

Energie und Tatkraft sind greifbar, die eigenen Ideen werden durch Gesichtsausdruck und Hände unterstrichen.

Na, wie wäre es? Blick und Hände fordern eine Reaktion des Gegenübers heraus.

B

der mit dem ...« Es gibt aber auch Accessoires, die von uns als Person ablenken, weil sie die Aufmerksamkeit des Gegenübers zu sehr fesseln, zum Beispiel große Ohrringe, die bei jeder Bewegung des Kopfes zu pendeln beginnen.

Zum Gespräch setzen wir uns, um die Spannung abzubauen, unter Ausnutzung der gesamten Sitzfläche bequem hin und haben keine Angst, uns rückwärts anzulehnen, um Ruhe und Souveränität zu gewinnen. In jeder anderen Position erzeugt unsere Kopfhaltung eine gewisse Spannung, denn ohne den Halt im Rücken neigt sich der Körper sprungbereit nach vorne und die Botschaft heißt: Hier bin ich, ich tue alles, was man von mir verlangt. Die Souveränität, die mir das angelehnte Sitzen verleiht, bewahrt mir die Möglichkeit, ruhig Fragen zu beantworten, Informationen zu geben, aber auch, mich in entscheidenden Momenten vorzubeugen, um zu argumentieren oder dem anderen entgegenzukommen, um mich danach wieder ebenso selbstsicher zurücklehnen zu können. Schließlich muss ich dem anderen das Gefühl vermitteln, dass die letzte Entscheidung bei ihm liegt. Ich kann mich nur anbieten und erkenne seine Position an.

Nützlich ist es, schon bei Gesprächsbeginn darauf zu achten, dass wir dem anderen nicht frontal gegenübersitzen. Ein kleiner abweichender Winkel gestattet uns größere Freiheit. Beim Sprechen nehmen wir ohne weiteres die Hände zu Hilfe, natürlich nicht, um herumzufuchteln, sondern zur Unterstützung dessen, was ich zu sagen habe.

TIPP

Wie in allen anderen Gesprächen sollte auch beim Bewerbungsgespräch über dem objektiven Informationsaustausch die Gefühlsebene nicht vergessen werden. Wer uns als Person einlädt, will auch etwas von uns erleben.

Blickkontakt

Der Blickkontakt ist ein ganz wesentliches körpersprachliches Signal, denn mit dem Blick in die Augen zwinge ich den anderen zu einer Stellungnahme. Um eine solche Stellungnahme zu vermeiden, werden eine Reihe von Mechanismen, kleine Vernebelungen, Blinzeln, ein langer Lidschlag oder ein ausweichender Blick eingeschaltet, die alle nichts anderes bedeuten als Verdrängung.

In unserer Kultur ist es negativ besetzt, wenn jemand uns nicht in die Augen blicken kann. Es ist die gesellschaftliche Forderung, dass der Mensch Stellung beziehen und dementsprechend handeln muss. Wahrscheinlich bedeutet der direkte Blick immer auch Konfrontation und geht auf den Territorialkampf zurück: Wer seinen Gegner mit offenem Blick anschaut, erhebt Anspruch auf dessen Territorium, wer den Blick senkt, unterwirft sich.

Im Gespräch kann es allerdings auch ratsam sein, den Blick nicht dauerhaft auf den anderen zu richten. Hebt man den Blick, kann diese Bewegung ihn aus einem Zwang befreien und wir haben es mit einem gelösten Gesprächspartner zu tun.

Wie kann ich aber reagieren, wenn jemand es nicht schafft, mir in die Augen zu schauen? Nehmen wir als Beispiel einen gewissenhaften Mitarbeiter, der seinem Vorgesetzten nicht in die Augen sehen kann, obwohl er nichts zu verbergen hat. Er verweigert mit dieser Haltung allerdings die Übernahme von Verantwortung und vermeidet jegliche Konfrontation.

Der Vorgesetzte wird gut daran tun, sich danach zu richten und entsprechend mit dem Mitarbeiter umzugehen. Sagt er ihm beispielsweise »Die Ware muss um vier Uhr beim Kunden sein«, wüsste der Mitarbeiter viele mögliche Hindernisse aufzubauen, an denen der Auftrag scheitern könnte. Denn alles, was ihm Verantwortung aufbürdet, löst Angst bei ihm aus. Der Auftrag »Bringen Sie die Ware möglichst schnell zum Kunden« würde ihm dagegen keine Schwierigkeiten machen. Wenn der Vorgesetzte ihm außerdem versichert, dass er die Verantwortung übernimmt, ist der Mitarbeiter entlastet und wird sich an die Arbeit machen.

Brustkorb

Unser Brustkorb ist der Energiespeicher unseres Körpers, hier befinden sich das Herz und die Lungen. Bei einer natürlichen, unverkrampften Haltung des Brustkorbs verstärkt sich der Klang der Stimme, die Schultern und Schulterblätter lockern sich. Die Handlungsfähigkeit wird erhöht und die Körperhaltung schafft Bewegungsfreiheit und ermöglicht den freien Fluss des Atems.

Wer mit geschwellter Brust auftritt, will sich unbedingt beweisen. Dabei zieht ihn der aufgeblasene Ballon seiner Brust vom Boden weg. Er verliert den Bodenkontakt und wirkt nur noch angeberisch. Nur solange der Bodenkontakt gewahrt bleibt, ist ein geweiteter Brustkorb ein Zeichen von Kraft.

Das Stauen der Luft im Brustkorb deutet auf die Bereitschaft, Aufgaben zu übernehmen. Wer es sich allerdings zur Gewohnheit macht, sich so zu präsentieren, macht den Eindruck von Beflissenheit. Er wird vom anderen bald als lästig empfunden. Die Haltung wirkt meist verkrampft, weil der Luftstau nicht bis zum Ende abgebaut wird.

Wann halten wir den Atem an? Alles was uns in Zweifel und Unsicherheit versetzt oder uns vor eine Entscheidung stellt, führt zu einer solchen Reaktion. Auf einen Zuhörer, der während ich rede gleichmäßig ein- und ausatmet, habe ich meine Wirkung verfehlt. Hält er den Atem für den Bruchteil einer Sekunde an, heißt das, er denkt über meine Worte nach, will vielleicht einhaken oder eine Frage dazu stellen. Hier fällt die Entscheidung, ob mein Gegenüber den Gedanken annimmt oder ihn aber zurückweist.

Ist die Brust eingefallen, wird die freie Atmung und auch die Bewegung behindert. Manche Frauen nehmen ihre Brust häufig zurück, weil der Busen als erotisches Signal wirkt und sie es vermeiden möchten, entsprechende Aufmerksamkeit zu wecken. Dies geht allerdings auf Kosten ihres allgemeinen Energieversprechens, da es in der Wirkung der eingefallenen Brust gleicht. Steht die Frau aufrecht, ohne ihren Busen zu verstecken, und entspricht ihre Haltung einer selbstbewussten Aussage, signalisiert sie Gleichberechtigung und Unterschied.

Drohen

Drohgebärden gehören in die Reihe der aggressiven Signale. Der Kopf wird mit gespanntem Nacken gerade gehalten, die Augen ziehen sich zusammen. Unbeweglichkeit des ganzen Körpers gehört zur Sprungbereitschaft. Noch ist nicht zu erkennen, ob der andere wegrennen oder attackieren wird. Drohen lässt beides zu. Auch ein geblähter Brustkorb kann ein Drohsignal sein. Ein typisches Signal ist die Faust. Breitbeiniges Stehen und das Aktivieren der Oberarme verstärken das Drohen. Schnelle Bewegungen können ebenfalls als Drohsignale empfunden werden.

Drohgebärden ähneln in vielem dem Imponiergehabe. Allerdings unterscheiden sie sich in ihrer Intensität und auch in der Signalkombination. Wer nur imponieren will und nicht drohen, reckt sich vielleicht zu voller Größe auf, bläht den Brustkorb, fuchtelt mit den Händen und wird laut, aber sein Blick verengt sich nicht. Er bleibt weich und sucht Anerkennung. Der Blick nämlich zeigt die Intensität der Spannung zwischen Augen und Nacken. Der Körper folgt stets den Augen, denn Sprungbereitschaft braucht die Zielfixierung. Fehlt in der Signalkombination dieser stark konzentrierte Blick, besteht auch keine Gefahr.

E

Essen

Essensgewohnheiten geben uns viel Aufschluss über die Eigenarten der Menschen.

Schnellesser kosten und genießen ihre Speisen nicht. Sie schlucken sie rasch und unzerkaut hinunter und können kaum verdauen. Mit Informationen gehen sie in ähnlicher Weise um. Sie nehmen alles auf, was sie bekommen können, schlingen die Information hinein und geben sie unverarbeitet und ohne nachzudenken, wieder von sich.

Andere sezieren jeden Brocken auf dem Teller, bis sie die schönsten Stücke herausgelöst haben. Genauso wählerisch verhalten sie sich in anderen Lebenssituationen. Wieder andere nörgeln ständig am Essen herum, es sei zu heiß oder zu kalt, zu fad oder versalzen, zu wenig oder zu viel. Auch im Leben werden sie an allem und jedem herummäkeln und sich Urteile anmaßen, obgleich sie unfähig sind, etwas intensiv zu genießen oder zu erleben.

Finger

Jeder einzelne Finge spricht seine besondere Sprache: Der Daumen ist der Dominanzfinger. Er ist der motorisch stärkste von allen und er macht uns das

Greifen erst möglich. Der hoch gereckte Daumen zeugt vom eigenen Anspruch und Selbstbewusstsein. Umgekehrt verbergen Menschen, die sich selbst am liebsten verkriechen würden und jede Aufmerksamkeit scheuen, die Daumen in der Umklammerung anderer Finger.

Der Zeigefinger ist der sensibelste und auch der »Besserwisser«. Wenn wir in eine Richtung oder auf ein Objekt zeigen, weisen wir mit der ganzen Hand. Wenn wir das aber besonders genau und nachdrücklich markieren wollen, benutzen wir den Zeigefinger. Der hinweisende Zeigefinger belehrt und zeugt vom eigenen Wissen. Weil sich dieses Fingerzeigen nicht schickt oder es überheblich wirkt, wird ersatzweise der Kugelschreiber oder die Lesebrille als Zeigeinstrument genommen.

Der Mittelfinger ist das Symbol unserer Selbstbetrachtung. Wir schenken uns selbst die größte Aufmerksamkeit und erhoffen das auch von anderen. Wenn ich diesen Finger betone oder mit der anderen Hand anfasse, signalisiere ich den Wunsch nach Anerkennung und Lob oder will etwas von meinen Leistungen erzählen. Mittelfinger und Zeigefinger halten gern zusammen: Symbol für das Wissen und das Ich.

Der Ringfinger ist der Gefühlsfinger. Er geht immer mit unserem »Ich« zusammen und kann daher ohne den Mittelfinger kaum bewegt werden. Er

Die Hände signalisieren den Durchbruch nach vorne – und dienen gleichzeitig zum Selbstschutz.

Die gereckten Finger zeigen trotz des nachdenklichen Gesichtsausdrucks das Wissen um den richtigen Weg.

spielt eher eine passive Rolle, aber erwartet eine Streicheleinheit.

Der kleine Finger ist der Gesellschaftsfinger. Er kann nicht viel anrichten, aber er ist immer dabei. In der aristokratischen Gesellschaft galt das Abspreizen des kleinen Fingers als elegante und feine Bewegung, heute wirkt das gänzlich übertrieben. Wer ihn betont einsetzt, braucht soziale Anerkennung.

Flirt

Jede Annäherung zwischen Mann und Frau folgt einem abgestuften Ritual. Die einzelnen Stufen dürfen dabei nicht übersprungen werden. Der Flirt stellt dabei vor allem ein positives Versprechen dar, das gesteigert wird durch das Spiel von Ja und Nein. Ehrgeiz, Ungeduld und Zielstrebigkeit verderben dieses Spiel. Stattdessen kommt es zu Frustration und Enttäuschung. Der Flirt stellt sozusagen einen Wechsel aus, der nicht unbedingt eingelöst werden muss. Das Ja zum ersten Schritt enthält noch nicht das Ja zum zweiten.

Die einzelnen Stufen sind je nach Kultur unterschiedlich. Meistens beginnt »es« mit dem ersten Blick und dieser bleibt ein wenig länger haften, wenn unser Interesse geweckt ist. Er darf aber nicht zu lange verharren, denn der andere muss die Gelegenheit bekommen, auf den Blick zu antworten und Stellung zu nehmen. Ein Dauerblick zwingt ihn hingegen zur Konfrontation. Also wird der erste Blickkontakt aufgehoben, um einen zweiten zu starten. Vielleicht wird er sofort erwidert, vielleicht erst später. Wiederkehrendes Interesse auf beiden Seiten gibt den Weg zur nächsten Stufe frei.

Die Wirkung des Blickkontakts zeigt sich in kaum merklichen Veränderungen in der Haltung. Der Körper antwortet, er wird aktiviert und reagiert offen. Sitzen Menschen miteinander an einem Tisch, kann das Reichen von bestimmten Gegenständen und das zufällige Berühren etwa der Arme rasch zu einer weiteren Annäherung führen. Kompliziert wird die Situation aber dann, wenn am Tisch eine Konkurrenzsituation entsteht, und ein Gesprächspartner gleich die Aufmerksamkeit von zwei anderen auf sich zieht.

Fluchtreaktion

Alle unangenehmen und irritierenden Einflüsse, die wir empfinden, lösen eine Fluchtreaktion aus. Es genügt ein lautes Geräusch, das plötzlich auftritt und uns überrascht oder erschreckt. Die Folge kann eine momentane Muskelkontraktion sein, meistens die Vorbereitung zur Flucht. Jetzt ist ein möglichst geringer Bodenkontakt von Nutzen, denn je weniger Bodenkontakt vorhanden ist, desto schneller kann ich wegrennen. Wir brauchen dazu allerdings nicht immer die Füße, oft zeigen andere Körperteile die Fluchtbewegung an. Menschen, die in Gedanken fortlaufen, die sich in ihre Träume und Vorstellungen verrennen, weg von der Realität, haben relativ wenig Bodenkontakt. Man hat das Gefühl, sie schwebten.

Häufig wird die Fluchtreaktion durch die Erziehung gebremst. Der Körper bewegt sich nicht naturgegeben von der Stelle, sondern bleibt, wo er ist. Es entsteht unweigerlich ein Körperstau. Die Gelenke sperren sich und der Körper verkrampft.

Der Fluchtreaktion sehr nahe kommt der Antrieb, sich zu verbergen. Wer nicht fortlaufen kann und nicht attackieren, wird sich verstecken. Hier haben wir das Beispiel eindeutig geschlossener Bewegungen. Der Körper schließt sich ganz in sich, Augenkontakt wird vermieden, der Blick irrt umher, als suche er die Versteckmöglichkeit. Wir sehen den anderen nicht an, nach der alten Spielregel: Wenn ich dich nicht sehe, siehst du mich auch nicht.

Kinder haben es da leichter: Sie verstecken sich hinter ihrer Mutter und scheuen sich auch nicht, unter den Tisch zu krabbeln.

Fuß

Wie sollte die Stellung der Füße sein? Das brave Kind steht nach traditioneller Vorstellung mit geschlossenen Beinen. Es hat Bodenkontakt, kann sich aber nicht frei bewegen. Dazu müsste es einen Fuß aus dieser Stellung befreien. Ein guter Ausgangspunkt ist es, mit beiden Beinen beckenbreit zu stehen, denn so werden Bewegungen zugelassen. Breiter als beckenbreit zu stehen, signalisiert schon Verteidigung oder Angriff und erschwert den Wechsel des Schwerpunkts. Das macht physisch und gedanklich immobil.

Auch die Fußspitze kann, wenn sie nach innen zeigt, als Bremse wirken. Wer auf diese Weise einwärts geht, kann im Oberkörper ganz und gar aufgeschlossen wirken. Kommt es jedoch zum ersten Schritt, blockiert er sich selbst. Wir haben es mit einem Zauderer zu tun, der sich nicht entscheiden kann. Ist auch die Brust verschlossen, lässt sich auf Introvertiertheit, Gehemmtheit oder Verzicht schließen.

Zeigt die Fußspitze stark nach außen, ist es ein Zeichen dafür, dass derjenige stets an Nebeninformationen interessiert ist. Er kennt sein Ziel, das vor ihm liegt, macht aber gern einen Umweg, um besser informiert zu sein.

Entscheidend ist auch, wo jemand auf seiner Fußsohle steht, wo er sein Gleichgewicht setzt. Wer seinen Schwerpunkt stärker auf seine Fersen legt, ist reserviert. Der Körper wird in dieser Haltung leicht zurückgelehnt. Wenn jemand dagegen gern auf dem Ballen steht, neigt er zu schnellen Reaktionen, denn mit jedem Impuls bewegt sich der Körper nach vorn. Er reagiert zwar schnell, aber häufig unüberlegt. Optimal ausgeglichen ist der Stand zwischen Ballen und Ferse.

Wer auf dem Ballen geht, geht weicher und hinterlässt keine Spuren. Diese Menschen wollen weiterkommen, ohne die Aufmerksamkeit auf sich zu ziehen. Wenn jemand stärker die Fersen benutzt, markiert er den Boden und setzt damit Zeichen.

Gang

Das Gehen ist eine bewusste, zielgerichtete und motorisch sehr komplexe Bewegung. Wir verlassen unseren Standpunkt, um einen neuen einzunehmen. Die Art zu gehen, Geschwindigkeit oder die dabei eingenommene Körperhaltung – auch abhängig von Alter und körperlicher Verfassung – kann viel über die Menschen aussagen. Beim ausgeglichenen und ruhigen Gehen bleibt die aufrechte Linie des Körpers zwischen Kopf und Becken gewahrt. Die Hände bewegen sich locker neben dem Körper und unterstützen Gleichgewicht und Rhythmus, der Blick ist nach vorn gerichtet. Dieser Gang wirkt sicher und offen, er wird weder von Ehrgeiz nach vorne gedrängt, noch durch Angst zurückgehalten.

Wird der Kopf jedoch nach hinten gedrückt, entsteht ein anderer Eindruck: Die Beweglichkeit des Halses wird gesperrt, der Gang wird starr und steif. Es ist der Gang von Leuten mit einer festgefügten Weltanschauung, die sich exakt an die Vorgaben halten. Menschen, deren Kopf und Hals beim Gehen ständig in Bewegung ist, gehören dagegen zu denjenigen, die alles interessiert und die ständig detaillierte Informationen sammeln. Wenn der Kopf vorgeschoben wird, behindert er ein wenig die Bewegung, den Blickwinkel und auch die schnelle

TIPP

Wenn Ihnen beim Gehen etwas Wichtiges einfällt oder Sie die Bewegung der Gedanken stoppen möchten, um erst etwas zu verarbeiten, bleiben Sie stehen und halten Sie inne. Eine Fortsetzung der Bewegung würde die Konzentration darauf sehr erschweren oder gar unmöglich machen.

Auch im schnellen Gehen kann die Gewichtsübertragung in gerader Linie eingehalten werden und für sicheres Auftreten sorgen.

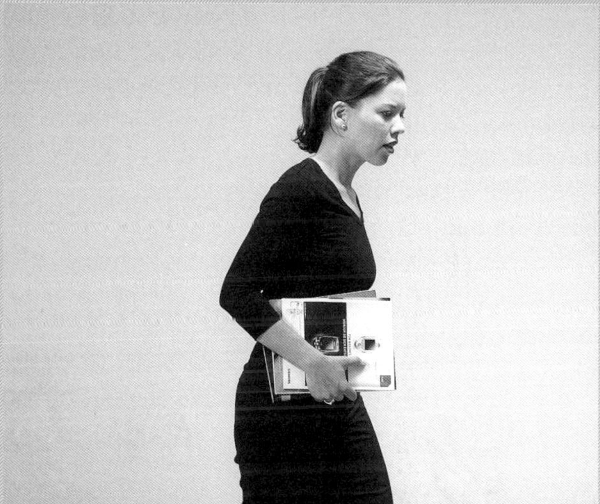

Wird der aufrechte Gang vernachlässigt, kommt kein positiver Energiefluss zustande und die Ausstrahlung verfällt.

G

Reaktion. Diese Menschen sind vorsichtig, sie halten Ausschau und prüfen die Situation. Menschen, die stets auf den Boden sehen, sind besonders vorsichtig – sie gehen kein Risiko ein und prüfen vorab das Gelände.

Manche Menschen gehen sehr schnell. Durch ihr hohes Tempo entgehen sie der Kritik der anderen. Gleichzeitig verpassen sie auch jedes Lob und nehmen das Umfeld kaum wahr. Wer schleppend geht, errichtet künstliche Hindernisse und mobilisiert nicht genügend Energie. Er kommt nicht vorwärts, weil er keine Entscheidungen treffen kann.

Gefühle zeigen

Gefühle sind der unmittelbare Ausdruck unseres Ichs, unserer Subjektivität. Sie gehören zu uns und wir tun gut daran, sie auch zu zeigen – die Körpersprache tut es ohnehin. Damit die Kommunikation mit anderen gelingt, müssen wir die Gefühle des anderen ebenso wahrnehmen und darauf reagieren. Im Austausch zwischen Menschen erfährt der Satz »Das Gefühl bin ich« ständig seine Bestätigung. Was nützen alle Argumente, wenn ich den Menschen, den ich überzeugen will, nicht wahrnehme. Egal welche sachlichen Informationen ich über den anderen habe, ich treffe bei ihm auf seine persönliche Wirklichkeit, die aus Gefühlen besteht, Zufriedenheit oder Enttäuschung, Zuversicht, Angst oder gute Laune.

Wenn ich selbst im Gespräch Gefühle zeige, wirke ich echt und lebendig, meine Überzeugungskraft ist größer und ich kann den anderen buchstäblich mit meinen Ideen und meiner Begeisterung anstecken. Als Zuhörer bleibt die Information bei uns hängen, die uns auch emotional berührt und auf unser Empfinden eingewirkt hat. Oft drückt sich dies auch im Ergebnis, im Gesamteindruck eines Gesprächs, einer Sitzung aus, wenn wir sagen: »Ich habe ein gutes Gefühl« oder auch »Ich habe kein gutes Gefühl bei dieser Sache«.

Gefühle sind immer wieder große Stolpersteine. Das liegt zum Beispiel daran, dass wir Erwartungen an sie knüpfen und unsere Gefühle auf andere projizieren. Ein Begriff wie Freundschaft etwa kann sehr unterschiedliche Gefühle und Erwartungen auslösen und beinhalten, Widersprüche führen zu Missverständnissen.

Gefühle stehen zudem immer in Konflikt mit der rationalen Welt und der Erziehung, die Gefühlsäußerungen teilweise negativ belegt. Natürlich haben diese sozialen Barrieren auch eine Schutzfunktion, aber leider lösen sie auch automatisch ein Feindbild aus.

G

Gesichtsausdruck

Wenn wir jemandem begegnen oder mit ihm kommunizieren, fällt unser erster Blick auf das Gesicht. Und da alle Sinneswahrnehmungen im Kopf zusammenlaufen, gibt uns das Gesicht eine Vielfalt von Empfindungen als Information. Zugleich wissen wir jedoch, dass der Mensch, der uns täuschen will, das zuallererst mit seinem Gesichtsausdruck versucht: Das falsche Lächeln, die falsche Freundlichkeit wird über das Gesicht dargestellt. Insofern fällt es leichter, den Widerspruch an den Signalen des übrigen Körpers zu entdecken, denn sie lassen sich weit weniger beherrschen als die des Gesichtsausdrucks. Positive und negative Signale lassen sich an der Gesichtsmuskulatur ablesen: Führt die Bewegung nach oben, wie beim Lächeln oder Lachen, stellt sich eine positive Wirkung ein. Die fallende, nach unten ziehende Bewegung wirkt negativ, sie steht für Müdigkeit, Anspannung und Energieverlust. Das eingefallene Gesicht signalisiert Krankheit oder Schwäche.

Hals

Der Hals ist ein hochempfindlicher Körperteil. Wenn jemand das Kinn anhebt, legt er den Hals frei.

Wir empfinden diese Bewegung leicht als Provokation, denn sie sagt sehr deutlich: Ich habe keine Angst vor dir, also kann ich dir ungeniert meinen ungeschützten Hals zeigen. Und automatisch ist der Blick von oben herab. Senkt sich der Kopf und das Kinn, geschieht zweierlei: Zum einen wird der Hals geschützt und der harte Schädel rückt in Kampfposition. Wir haben es mit einer Verteidigungshaltung zu tun. Die Augen können den Gegner nicht sehen, der Körper schirmt sich ab.

Wenn jemand im Gespräch eine Hand an den Hals legt, was oft bei Frauen zu beobachten ist, hat er im Moment bemerkt, dass er etwas nicht weiß oder nicht formulieren kann. Eine Schwäche soll verdeckt werden, also wird der Hals geschützt. Männer streichen in solchen Situationen gerne über ihren symbolischen – oder auch tatsächlich vorhandenen – Bart oder greifen sich hinten in den Nacken. Das bedeutet: Wer fällt mir in den Rücken, wenn ich Schwäche zeige?

Haltung

Aufrecht zu stehen unterstützt in jedem Fall die Freiheit der Bewegung. In aufrechter Haltung kann ich den Kopf, Hals und Oberkörper völlig unbehin-

Schwere Verantwortung zu tragen, kann lähmend wirken.

Man sieht die Last, die jemand auf den Schultern, ja auf dem ganzen Körper trägt.

dert und locker nach beiden Seiten drehen, ohne die übrigen Teile des Körpers zu belasten. Denn unsere Kraft überträgt sich vom Boden über Bauch- und Rückenmuskulatur zur Brust. Sie ist unser Energiekasten. Hier tanken die Lungen den Sauerstoff, den wir brauchen, um Energie freizusetzen für unser Denken und Tun.

Bei eingefallenem, vorgewölbtem oder eingezogenem Brustkorb dagegen sperrt die Wirbelsäule alle Rotation und ich bewege mich nur noch aus der Taille, was zur Folge hat, dass meine Beweglichkeit eingeschränkt ist und ich auf einen erheblichen Teil meiner Handlungsmöglichkeiten verzichten muss. Eine eingefallene Brust erscheint per se als Zeichen von Schwäche oder zeigt an, dass ich mich der Kraft anderer bedienen muss, um meine Ziele zu erreichen.

Händedruck

In vielen Ländern gehören der feste Augenkontakt und ein eher starker Händedruck zum festen Ritual der Begrüßung oder Verabschiedung. Jede Abweichung davon scheint einem schon den Schlüssel zu individuellen Einschätzungen – und auch zuweilen zu Vorurteilen – zu geben.

Wenn Menschen aufeinander zugehen, um einander per Handschlag zu begrüßen, spielt zunächst die Entfernung der Partner eine Rolle. Bei einer offenen Begrüßung gehen sie aufeinander zu und bleiben genau im passenden Moment stehen. Die Distanz ist nicht zu groß, keiner von beiden ist zur Korrektur seiner Position gezwungen. Die Entfernung beträgt vielmehr etwas mehr als eine Armlänge. Kommt hingegen jemand mit gestrecktem Arm und großen Schritten auf uns zu, erweckt er zwar den Eindruck des Entgegenkommens. Doch tatsächlich blockiert er damit unsere freie Bewegung und zwingt uns zur Zurückhaltung.

Durch den Druck und das Schütteln der Hände zeigt sich das Maß an Vitalität, Gefühl und Sachlichkeit, das jemand in diese Handlung hineingibt.

Wenn der Handgriff zu stark ist, so baut er eine Blockade auf und lässt vermuten, dass der andere

TIPP

Der Händedruck ist oft sehr wichtig für den ersten persönlichen Eindruck, Sie sollten jedoch auch andere Zeichen und insbesondere die Körperhaltung beachten und ein erstes Händeschütteln nicht überbewerten.

eine Unsicherheit überdecken will oder aber er zeugt von übermäßigem Machtbewusstsein. Auf Frauen wirkt ein zu kräftiger männlicher Händedruck häufig unangenehm, sie fühlen sich vereinnahmt und interpretieren dies als Imponiergehabe und Ausdruck dessen, dass das Gegenüber die Situation und die Kommunikation zwischen den Gesprächspartnern buchstäblich »im Griff« haben will. Achten Sie darauf, dass der Händedruck, wenn die Dame Ringe trägt, nicht zu stark ist.

Ein lasche Hand bei gleichzeitig lascher Körperhaltung weist auf fehlende Vitalität, auf Desinteresse oder Gleichgültigkeit. Die Beachtung der Körperhaltung ist sehr wichtig, denn wenn der andere aufrecht und offen dasteht, und damit auf Intensität und Aufgeschlossenheit schließen lässt, so besagt die lasche Hand lediglich: Lass uns sachlich miteinander umgehen, ich lasse mich nicht packen, Gefühle bleiben außen vor.

Eine Scheu vor Berührungen oder engeren Kontakten zeigt sich auch, wenn jemand die Hand nur kurz zwischen Finger und Daumen nimmt und den Hautkontakt sofort wieder abbricht oder auch wenn jemand zwar die ganze Hand gibt, jedoch den Handteller einzieht, so dass sich die Hände nur am Rand berühren.

Mit Händen reden

H

Durch Gesten mit den Händen unterstützen wir unsere Worte. Dabei ist es wichtig, dass die Handbewegungen zu dem passen, was wir sagen wollen. Sprechen wir zum Beispiel von einem großen Markt, den wir vor Augen haben, werden wir sicher nicht mit unseren Händen eine schmale Gasse bilden. Das widerspräche der Aussage. Wenn dagegen von einem riesigen Markt die Rede ist und ich meine Arme weit öffne, kann ich eine adäquate Wirkung bei meinem Partner erwarten. Was wir hören beeindruckt uns vor allen Dingen, wenn es auch erlebbar ist, wenn die gesprochenen Worte also mit einer Bewegung verbunden sind.

Ein wichtiger Punkt sind die Pausen: Wenn wir mit den Händen reden, neigen wir normalerweise dazu, am Ende der Aussage die Hände fallen zu lassen. Diese Bewegung ist schnell und bleibt im Auge haften. Der resignative Ausdruck des Fallenlassens der Hände bleibt beim Betrachter viel stärker haften, als die Gesten, die das Sprechen begleiten. Dieser Vorgang wiederholt sich während des Gesprächs: Immer wieder fallen die Hände aus ihrer Position hinunter. Dadurch entsteht Unruhe, denn in dieser Abwärtsbewegung steckt keine Aussage, außer dass man immer wieder zum Nullpunkt zurückkehrt und

Kopfhaltung und Hände drücken aus: Die Richtung ist klar, so wird es gemacht!

Der Blick wirkt nachdenklich, die Hände sind kämpferisch, allerdings ist der linke Daumen verborgen – ein Zeichen der Unsicherheit.

neu beginnen muss. Richtig ist es, die Hand nach jeder Aussage zwei oder drei Sekunden lang in ihrer Position zu lassen. Danach können Sie ruhig weiterreden, die Hände sollten aber nicht gleich wieder zum Einsatz kommen. Sie bewegen sich nicht die ganze Zeit, sondern werden eher für die nächste Steigerung oder ein neues Thema eingesetzt.

Haut

Die Haut ist unser größtes Organ und ihre Empfindlichkeit ist individuell unterschiedlich ausgeprägt. Nicht nur im übertragenen Sinn gibt es also Menschen, die dünnhäutiger sind als andere. Alle Vibrationen, denen die Haut ausgesetzt ist, werden entsprechend ihrer Beschaffenheit stärker oder schwächer empfunden. Die Haut schützt sich auch selbst, zum Beispiel wenn sie an sensibleren Stellen eine Hornhaut bildet – und natürlich ist eine Hornhaut eine sehr klare körpersprachliche Aussage.

Eine Berührung, die als angenehm empfunden wird, ruft eine Ausdehnung der Haut hervor. Wir haben das Gefühl, dass unsere Haut sich entspannt. Alle Poren öffnen sich, um die positive Wirkung ganz zu absorbieren. Bei unangenehmen Reizen zieht sich die Haut zusammen, als versuche sie, ihre

Poren zu schließen, um undurchlässig zu sein. Das erste sichtbare Zeichen dafür, dass ein Mensch sich zum Beispiel gegen einen Vorschlag oder eine Gefahr sperrt, ist das Zusammenziehen der Haut, noch bevor sich der Muskel spannt.

Gänsehaut entsteht, wenn die Haut sich gegen einen als zu stark empfundenen Reiz wehrt – egal ob aus einem angenehmen oder unangenehmen Gefühl heraus. Wenn wir Gänsehaut bekommen, bedeutet dies eine Reaktion auf intensive Reize, die wir durchaus genießen können, dennoch zeigt sie eine Grenzsituation des Empfindens.

Imponieren

Anderen imponieren zu wollen fußt auf dem Bedürfnis, Überlegenheit zu demonstrieren: Ich bin größer, stärker und schneller als du. Jemand streckt seinen Körper, macht sich damit größer. Jemand hebt die Stimme, um seine Energie vorzuführen. Jemand streckt sein Kinn nach vorn, um starken Willen zu zeigen.

Ebenso zum Imponiergehabe gehört der scharfe Blick – als Ausdruck der Konfrontation und des Imponierens. Konfrontation ist eine angeborene Reaktion auf Gefahr. Signal ist dabei nicht der scharfe Blick allein, die körpersprachlichen Aussagen bil-

K

den vielmehr ein System. Auch die Konfrontation ist so ein System. Wir stehen aufrecht, der Kopf wird gerade gehalten, die Augen schauen geradeaus. Sie ziehen sich leicht zusammen, als wollten sie sagen: Wir brauchen zur Zeit keine allgemeinen Informationen, ganz im Gegenteil, alle Aufmerksamkeit ist auf einen Punkt konzentriert. Damit verstärkt sich das Energiepotenzial, es richtet sich konzentriert auf diesen einzelnen Punkt. Der Nacken versteift sich, um jede Ablenkung abzuwehren. Er nimmt eine Art Habtacht-Stellung ein und der Körper strafft sich.

Lasse ich meinen Gegner auch nur einen Moment aus den Augen, kann es mich das Leben kosten, so die archaische Anschauung hinter diesem heute zivilisatorisch angepassten System.

Kommunizieren

Wenn Sie im Gespräch sind und auf die Ausführungen Ihres Gegenübers antworten, erinnern Sie sich bitte daran, welche körpersprachlichen Signale er gesetzt hat. So wissen Sie, wie Sie in Ihrer eigenen Körpersprache darauf zu reagieren haben. Wir sollten uns gemerkt haben, was der andere betont hat, für ihn also wichtig ist, und was ihm weniger wichtig war, welche persönliche Betonung er auf Ehrgeiz, Dominanz

K

oder die eigene Befindlichkeit gelegt hat. Darauf können Sie reagieren. Wiederholungen etwa von bestimmten Sätzen oder auch Bewegungen, die als Spiegelungen seines Charakters Bedeutung haben, kann ich übernehmen, zum Beispiel auch seine Art zu sitzen, um ihm das Gefühl zu geben, wir sind in der gleichen Stimmung. Es darf allerdings kein Nachahmen oder gar Nachäffen sein.

Gelassenheit und Toleranz dem Partner gegenüber setzt unsere Tonlage beim Sprechen etwas tiefer. Druck dagegen erzeugt eine höhere Stimmfrequenz, die für den Zuhörer weniger angenehm wirkt. Eine zu hohe Stimmfrequenz hat mehr von einem Hilfeschrei als vom Ton gegründeter Überzeugung. Ruhiges Denken lässt auch den Atem ruhig fließen und gibt der Stimme eine dunklere Färbung. Dabei kann die Stimme durchaus intensiv, dynamisch und lautstark sein, sie darf aber nicht unter einem Druck stehen, der sie verengt und scharf oder schrill werden lässt.

TIPP

Wenn Sie den Kopf ein wenig zur Seite neigen, statt mit gerader Kopfhaltung Ihren unbedingten Willen zu demonstrieren, finden Sie die beste Position zum Zuhören.

Offenheit schafft Herzlichkeit (oben). Zeigefinger und Gesichtsausdruck zeugen von Dominanz: Dieser Punkt muss geklärt werden! (unten)

Prüfender Blick und verschränkte Arme: Es besteht kein Impuls zu handeln (oben). Arm und Hand signalisieren eine erste Öffnung (unten).

K

Kopf

Es gibt bei jedem Menschen charakteristische Kopfbewegungen. Wer den Kopf senkt, schützt so seine vordere Halspartie und versenkt sich zugleich in sich selbst. Wer den Kopf zur Seite neigt, gibt damit eine Halsseite frei und signalisiert Zutrauen. Die Nackenmuskulatur ist locker, und das heißt: Ich kann dir vertrauen, ich lehne meinen Kopf symbolisch an deine Schulter. Wenn der Kopf sich in aufrechter Haltung zu einer Seite dreht, zeigt dies die Interessenrichtung an. Das heißt, mein Interesse und meine Aufmerksamkeit wechselt in eine andere Richtung. Geht der Blick zum Fenster, möchte ich wahrscheinlich lieber draußen sein als drinnen. Geht mein Blick zum gedeckten Tisch, habe ich Hunger. Wenn er zu einer anderen Person geht, möchte ich mit dieser gerne Kontakt aufnehmen. Der Kopf folgt dabei stets der Augenbewegung. Bewegen sich die Augen nach rechts oder links, ohne dass der Kopf mitgeht, so wird die Bewegung durch die Nackenmuskulatur blockiert.

Körpersprache der Kinder

Gerade bei den Kleinsten ist es wichtig, auf die Körpersprache zu achten, denn sie können sich ja noch nicht mit Worten äußern. Ein Baby will zum Beispiel stets das ganze Gesicht seiner Pflegeperson sehen. Die Zuwendung, die es erwartet, verlangt die frontale Begegnung, das volle Gesicht der Mutter oder des Vaters. Der Säugling mag es nicht, wenn jemand ihm das Gesicht im Profil oder Halbprofil zuwendet, wenn er sich mit ihm beschäftigt. Auch als Erwachsene spüren wir, dass es weniger angenehm ist, wenn ein Gesprächspartner den Blick oder das Gesicht abwendet. Er nimmt das Gespräch mit uns nicht ganz ernst. Dem Baby geht es nicht anders, ohne zu wissen warum. Wenn die Bezugsperson sich ihm nicht ganz widmet, reagiert es, indem es etwa zu schreien beginnt. Bei älteren Kindern lässt sich beobachten, wie sie, sobald wir die frontale Position aufgeben, unser Gesicht mit ihren kleinen Händen wieder zu sich zu drehen versuchen. Kinder wollen den geraden Augenkontakt, wie wir ihn später als Zeichen der Aufrichtigkeit verstehen.

Wenn die Kinder größer werden, erkunden sie nach und nach, zunächst auf allen vieren, ihre Umgebung und auch den eigenen Körper. Betrachtet ein Kind zum Beispiel die eigene Hand, lässt dies darauf schließen, dass es lernt, sich mit sich selbst zu beschäftigen. Die Erfahrung setzt ein, dass Bewegungen zu etwas führen und dass sie effektiv genutzt werden können. Das Ausstrecken der Hand nach

K

einem Gegenstand oder einer Person drückt unverkennbar den Wunsch nach Interaktion und Kommunikation aus. Und das heißt auch: Ich zeige auf etwas, damit du mein Interesse teilst. Die zur Faust geballte Hand deutet beim Erwachsenen auf Zorn oder Kampfbereitschaft und genauso ist es beim Kleinkind. Wut oder das Gefühl des Unbehagens können auf die Umwelt gerichtet sein, aber genauso auf den eigenen Körper – Blähungen, Verstopfung, Nässe oder Kälte können die Gründe dafür sein. Hängen die Hände hingegen unbewegt am Körper herab, deutet dies auf Müdigkeit und eventuell auch Unzufriedenheit.

TIPP

Bei Kindern können Sie körpersprachliche Signale und Reflexe – wie zum Beispiel auch das Territorialverhalten oder die Fluchtreaktion – sehr gut beobachten, da sie nicht von späteren sozialen Signalen überlagert oder durch das Erwachsenwerden gebremst werden.

Körpersprache und verbale Sprache

Körpersprache und verbale Sprache sind untrennbar miteinander verbunden. Jedes Wort, das ich sage, wird auf mich und auf andere eine Wirkung haben, und zwar eine körperliche. Die verbale Sprache unterliegt also den gleichen Gesetzen wie die Körpersprache. Ihre Quelle liegt in unserem Körper, unser Gehirn produziert sie. Jedes Wort, das ich denke, muss in meinem Körper übersetzt werden, und zwar über Stoffwechsel, Hormone, Kreislaufsystem oder Drüsenfunktionen bis hin zur Großmotorik. Wenn jemand an eine unangenehme Erfahrung denkt, verzieht sich sogleich sein Mund, als hätte er in eine Zitrone gebissen. Bei einem hoffnungsvollen oder einem verlockenden Gedanken erröten wir.

Wenn es einen Widerspruch zwischen Körpersprache und verbaler Sprache gibt, so wird immer die Körpersprache recht behalten: Der Körper reagiert zunächst auf unsere Empfindungen und Gefühle und erst danach auf die mentalen Wünsche. Körpersprache entspricht stets dem inneren Geschehen. Widersprüche entstehen aus dem Gegensatz von innerem Geschehen und dem Anspruch der durch Kultur und Sozialisation konditionierten bzw. der logischen Ordnung. Dieser Anspruch verbietet es mir, dem inneren Impuls zu folgen. Wenn ich mich nicht ent-

Blick, Haltung und Hände sprechen positiv mit und sind voller Energie (oben). »Sozusagen« (unten).

Das Gesagte wird abgewogen, Zufriedenheit hat sich noch nicht eingestellt (oben). Abwehr: Das war die letzte Chance – oder ich lasse es (unten).

scheiden kann, kommen die Widersprüche körpersprachlich zum Ausdruck.

Verbale Sprache kann Körpersprache nicht ersetzen, weil der Körper das Phänomen von Gleichzeitigkeit besitzt. Eine komplexe Mischung von verborgenen Wünschen, Gefühlen, Empfindungen und Widersprüchen sucht sich in ihm gleichzeitig Ausdruck.

Lächeln

Ein ehrliches Lächeln entsteht aus dem Zusammenspiel der Augen- und Mundmuskulatur, die auch ein paralleles Nervensystem haben. Durch einen positiven Reiz erweitern sich die Augen leicht und scheinen zu glänzen, während der Mund in freudiger Erwartung den Süßegeschmack-Ausdruck (s. Mund) annimmt. Dieses Signal entwickelt sich schon im frühesten Kindesalter, in dem die Verknüpfung zwischen angenehmer Nahrungserwartung und dem Anblick der Mutter besonders sinnfällig ist.

Wegen seines positiven Signals wurde das Lächeln zum festen Bestandteil des Begrüßungs- und Begegnungsrituals. Ein schüchternes Lächeln ist dabei dadurch gekennzeichnet, dass die Augen fragend erscheinen und die Gesichtsmuskulatur sich etwas zurückzieht. Das Lächeln wirkt nie ganz fertig. Das traurige Lächeln gehört zu Menschen, die sich bemitleiden. Wenn man beim Lächeln übertriebenen seine Zähne zeigt, so könnte ein Überlegenheitsmoment im Spiel sein. In Kombination mit anderen Gefühls- und Gesichtsbewegungen kann dieses Lächeln sehr schnell »unecht« und unaufrichtig werden – ein zynisches, verbittertes, gewolltes Lächeln, das böse Absichten verbirgt. Die Augen lächeln nicht mit, sie bleiben kalt, streng oder glitzern irritierend. Ein falsches Lächeln wirkt oft erstarrt.

Mund

Mit dem Mund nehmen wir die Nahrung zu uns und stillen den Appetit. Bei der Aufnahme von Information reagiert der Mund in ähnlicher Weise wie bei der Nahrungsaufnahme. Wenn ein »großer Brocken« auf uns zukommt und wir überrascht sind, öffnet sich der Mund. Der Unterkiefer fällt herunter und mit weit geöffnetem Mund können wir immer mehr Informationen einströmen lassen. Gleichzeitig werden die Augen aufgerissen. Der herabhängende Unterkiefer hat gleichzeitig eine blockierende Wirkung: Das Denken verlangsamt sich.

Beim Essen ist das Öffnen der Lippen die erste Bewegung, mit der wir die Möglichkeit schaffen, etwas in den Mund zu nehmen. Schmeckt es uns, so ziehen sich die Mundwinkel hinauf zu einer Schalenform, damit auch alles im Mund bleibt und nichts verloren geht: Der »Süßegeschmack-Ausdruck«. Schmeckt es uns nicht, so ziehen sich die Mundwinkel nach unten, damit Aufgenommenes sozusagen hinausrinnen kann. Der »Bittergeschmack-Ausdruck«. Kommt es uns sauer auf, ziehen sich Mundwinkel und Kopf in einer gleichzeitigen Fluchtbewegung zurück. Der »Säuregeschmack-Ausdruck«.

Zusammengepresste Lippen sagen eindeutig: Ich will das nicht annehmen oder nichts sagen. Im Gespräch ist damit harte Kritik oder Ablehnung zu erwarten. Der verkniffene Mund ist Kennzeichen von Leuten, die stur, eigensinnig und misstrauisch sind. Es ist schwer, mit ihnen ins Gespräch zu kommen.

Nacken

Die zentrale Funktion des Nackens im Bewegungsablauf ist seine Fähigkeit, den Kopf zu drehen. Das ermöglicht uns den Überblick. Wieder kommt die Beweglichkeit ins Spiel. Denn wenn Kopf und Nacken beweglich sind, signalisieren sie die Offenheit, Informationen zu empfangen. Menschen mit beweglichem, freiem Nacken sind nach allen Richtungen offen. Sie suchen nicht nur das Bekannte und Vertraute, sondern auch das Fremde.

Ein steifer Nacken hingegen zwingt den Menschen auf eine schmale Spur. Menschen mit steif gehaltenem Nacken brauchen Ziele, das heißt, sie sind nicht von Natur aus eng und stur, aber sie brauchen Ziele, um effektiv zu sein. Alles, was links und rechts am Weg liegt, betrachten sie als Ablenkung. Die aufrechte, gerade Haltung kann dabei in gewissem Sinn auch positiv wirken, da sie signalisiert »Ich stehe gerade für das, was ich sage«. Dieser Ausdruck ist zumindest in unserer Kultur häufig positiv besetzt, Beweglichkeit wird als Ausweichen und damit negativ interpretiert.

Auslöser für eine kurzfristige Versteifung ist jede Empfindung von Gefahr oder Misstrauen gegenüber unserer Umgebung, auch in einem Gespräch. Die innere Anspannung löst die Versteifung aus, weil die Konzentration aller Sinneswahrnehmungen auf den vermeintlichen Gefahrenpunkt gefordert ist.

Nähe

Nähe kann sehr positive wie auch negative Gefühle auslösen. Wenn eine eher fremde Person im Gespräch immer näher rückt, versucht sie zum einen

Die verschränkten Arme scheinen eine Barriere zu bilden.
Es gibt noch keinen Impuls zu handeln.

Das Lachen wirkt herzlich, die Schulterpartie ist jedoch nicht locker. Dadurch werden positive Gefühle blockiert.

Dominanz auszustrahlen und Territorium zu gewinnen. Zum zweiten will sie persönliche Sympathie und Akzeptanz durch physische Nähe geradezu erzwingen. Denn wenn jemand nicht mehr über Argumente Zustimmung erreichen kann, versucht er Druck auszuüben und wird immer näher rücken: Du musst mich und damit auch meine Meinung akzeptieren! Diese Art von Nähe wird als unangenehm und aufdringlich empfunden.

Nähe ist freilich ebenso Ausdruck echten Vertrauens. Bei Veranstaltungen werden Sie immer Leute beobachten können, die nahe beieinander stehen und sich vertraulich austauschen. Ein Liebespaar sucht den Körperkontakt, steht sich also nahe. Und vertraute Partner trennen sich in Gesellschaft, finden jedoch wie an Drähten gezogen immer wieder zusammen. Bei Kindern ist die Zusammengehörigkeit mit den Eltern oft daran zu sehen, dass sie zwar umherlaufen, aber mit irgendeiner Nachricht oder einem Gegenstand zu Vater und Mutter zurückkehren, um sich ihres Schutzes und ihrer Nähe zu versichern.

Nähe schaffen können wir mit einer offenen Körperhaltung. Wenn wir dem Partner den Mittelkörper zuwenden – eine Körperregion, die wir traditionell schützen – , so wird diese Zuwendung zu größerer Nähe führen. Wer hingegen seitlich, mit den Schultern voran, zu einem andern tritt, hält die Distanz.

Nase

Die Nase reagiert wie der Mund auf Geschmack bzw. Duft und da vor allem auf unangenehme Reize: Bei saurem oder bitterem Geschmack oder wenn es stinkt, rümpfen wir die Nase. Dies gilt auch im übertragenen Sinn: wir rümpfen die Nase, wenn uns etwas nicht passt, wenn jemand schlecht angezogen ist oder aus unserer Sicht überholte Ansichten äußert.

Wenn die Nasenflügel sehr beweglich sind, deutet das darauf, dass derjenige leicht erregbar ist. – Die Nasenflügel werden auch durch ein starkes Gewürz in Bewegung versetzt.

Auffällig ist schließlich, dass sich viele Menschen häufig an die Nase fassen. Hier haben wir es mit einem Erbe der Evolution zu tun. Die Nase fungierte als letzte Bewertungsinstanz für das Essen, denn bevor es in den Mund geschoben wurde, erfolgte eine letzte Prüfung durch die Nase, um sicher zu sein, ob die Nahrung gut und zuträglich ist. Wenn wir uns heute an die Nase fassen, sind wir uns nicht ganz sicher, ob etwas gut und passend für uns ist. Wir prüfen zum Beispiel noch einmal den Preis, den uns eben ein Verkäufer genannt hat. Sich an die Nase zu fassen ist das Signal für kritisches Empfinden und auch für Nachdenklichkeit.

O

Offenheit, sich öffnen

Es gibt eine ganze Reihe von körpersprachlichen Signalen, die die Offenheit des andern im Gespräch oder in der Begegnung anzeigen: Die gerade, ruhige und selbstsichere Körperhaltung mit leicht geöffneten Armen und den Handflächen, die in Richtung des anderen zeigen. Insbesondere im Gespräch wirken die etwas geweiteten, dem Gegenüber zugewandten Augen und auch die Augenbrauen, die leicht hochgezogen sind und so Interesse und Aufmerksamkeit demonstrieren.

Wie kann man hingegen einen Gesprächspartner, der sich sperrt – die Nackenmuskulatur ist blockiert, Gesichtsausdruck und Arme sind abweisend u.a. –, im Gespräch dazu bringen, sich zu öffnen? Eine gute Möglichkeit besteht darin, ihn durch eine Frage selbst zum Sprechen zu bringen und sich so etwas aus dem Gespräch zu nehmen. Ein andere besteht darin, ihm etwas zu trinken anzubieten oder ihm etwas zu zeigen, das er anfassen kann. Er kommt damit in Bewegung, eine Lösung der Sperre kann sich anbahnen.

Präsentieren, vor Publikum sprechen

P

Wenn Sie vor größerem Publikum sprechen oder etwas präsentieren, müssen Sie sich zunächst über einige Voraussetzungen klar werden. Findet die Veranstaltung in einem Saal statt? Wie sieht der Raum aus, wie groß ist er? Und wie soll mein Auftritt ablaufen? Befinde ich mich bereits auf der Bühne, bevor die Zuhörer da sind? Muss ich Stufen hinaufsteigen, um zum Rednerpult zu kommen? Was wird hinter mir projiziert? Bei solchen Gelegenheiten tritt die Gefahr durch so genannte Aufmerksamkeitsräuber auf: Blumen, die vor mir stehen und die Sicht auf den Redner einschränken, sollten zur Seite gestellt werden. Laufen in meinem Rücken allzu bewegte Bilder, können sie schnell die Aufmerksamkeit der Zuhörer auf sich ziehen. Handelt es sich um einen Power-Point- oder Overhead Vortrag, muss man sich hüten, zu oft nach hinten zu schauen. Die Hausaufgaben müssen zu Hause gemacht werden, der Vortragende muss wissen, was hinter ihm abläuft.

In der Präsentation muss eine knappe Handbewegung ausreichen, um Akzente zu setzen oder auf einen bestimmten Punkt auf der Folie hinzuweisen. Auch ein kurzes Zurückblicken ist nur natürlich, aber der Rest der Aufmerksamkeit muss dem Publi-

Die Hände sind am Pult. Vorsicht: Nicht klammern! (oben)
Die öffnende Bewegung ist voller Energie und stellt Kontakt zum Publikum her (unten).

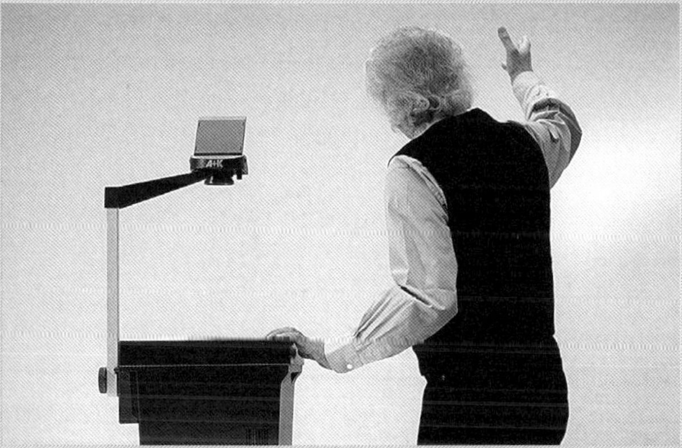

Ein schlechtes Beispiel: Der Vortragende wendet sich vom Publikum ab (oben). Richtig: Mit der Hand wird auf einzelne Punkte verwiesen (unten).

R

kum gelten. Da zuweilen der Raum für den Vortrag ein wenig abgedunkelt wird, solle man darauf achten, dass der Vortragende nicht im Schatten verschwindet – er macht den Vortrag schließlich lebendig. Wenn Sie mit Mikrofon sprechen, probieren Sie dies unbedingt vorher aus und stellen Sie die richtige Höhe ein.

Beim Vortrag dürfen wir uns nicht eng auf unser Manuskript, sofern wir eines haben, konzentrieren. Wir sprechen mit breiter Brust und geöffneten Armen, die nicht am Papier kleben. Unser Blick umfasst grundsätzlich das ganze Publikum, darf sich aber durchaus für Augenblicke an einzelne Zuhörer heften und auf diese Weise ihnen, vor allen Dingen jedoch uns selbst, das Gefühl geben, wir sprechen zu jemandem und nicht über die Köpfe hinweg.

TIPP

Nach Beendigung des Vortrags sollten Sie noch ein paar Sekunden am Platz bleiben, ins Publikum sehen und dann ruhig das Podium verlassen. Nehmen Sie sich die Zeit, das gehört mit zur Wirkung Ihres Vortrags.

Rituale

R

Rituale als sozusagen vorgeplante, immer gleiche und eingeübte Abläufe können uns den Alltag erleichtern und sorgen für Ordnung. Das gilt beispielsweise für die Begrüßung, für Einladungen oder für einen bestimmten Tagesanfang in einer Familie.

Insbesondere Kinder brauchen solche unerlässlichen Rituale, wie etwa beim Schlafengehen. Das Kind ist schon allein dadurch ruhig und in guter Stimmung, dass es ein solches Abendritual gibt. Es freut sich auf ein Lied, eine Gutenachtgeschichte oder einen Gutenachtkuss. Und es ist sogar darum bemüht, seine Umgebung vor dem Schlafengehen selbst zu organisieren und ein eigenes Ritual zu schaffen. Der Teddy oder die Puppe haben ihren bestimmten Platz, sie müssen nun ebenfalls schlafen gehen. Die Ordnung ist hergestellt und wenn nun auch die Eltern alle gewohnten Rituale vollzogen haben, kann das Kind beruhigt schlafen. Vorsicht: Wenn Eltern ihrem Kind vor dem Einschlafen noch etwas zu essen oder zu trinken geben, wird es immer, wenn es aufwacht, danach verlangen – obwohl es eigentlich keinen Hunger hat. Die Aufnahme von Nahrung gehört dann zum Ritual.

R

Rollenbilder

Beobachtet man die Körpersprache eingehend, so lassen sich diesbezüglich einige typische Rollenbilder unterscheiden. So zum Beispiel der Bescheidene. Er hält seine Bewegungen zurück, seine Gesten sind klein und die Stimme ist nur halblaut. Verfügt er über besondere Kenntnisse auf einem Gebiet, so wird er erwarten, dass man danach fragt. Er ist darauf angewiesen, dass ein anderer darauf hinweist.

Der Beherrschte respektiert alle Tabuzonen. Er lässt seinen Gefühlen nie freien Lauf und demonstriert damit, dass er in der Lage ist, sich zurückzuhalten. Gleichzeitig wird er damit eingeschränkt und unbeweglich. Er braucht feste Vorgaben, an die er sich halten kann, um erfolgreich zu sein.

Der Vernebler flieht vor der Kritik, er will sich nicht festlegen lassen. Seine Bewegungen bricht er hastig ab, er setzt an, ohne sie zu Ende zu bringen. Häufig wechselt er auch den physischen Standpunkt, weicht aus und hat sein Ziel nicht im Blick. Er ist unruhig und spricht undeutlich und in unvollständigen Sätzen.

Der Eroberer ist immer auf der Suche. Er fixiert sein Ziel, der Brustkorb schiebt sich nach vorne, der Schritt ist raumgreifend. Sein direkter Weg zum Ziel duldet keine Hindernisse. Andere Menschen sollen ihm helfen oder aus dem Weg gehen.

Der Unentschlossene kann nicht verzichten, weil er stets glaubt, etwas zu versäumen. Er möchte überall gleichzeitig sein und muss doch irgendwann feststellen, dass er sich nur im Kreis dreht. Ähnlich wie beim Vernebler bleiben seine Bewegungen unfertig und unruhig.

Der Darsteller unterstreicht seinen Raum mit breiten Bewegungen. Mit seiner Stimme versucht er die anderen zu übertönen und will die Aufmerksamkeit auf sich ziehen. Er wird sich nicht hektisch bewegen, denn er will wahrgenommen werden und muss auch den anderen die Zeit dazu geben.

Der Aktionist macht sich kleiner als er ist. Er ist schwer zu kritisieren, weil er kaum festzulegen ist. Eine Aktion geht lückenlos in eine andere über, sein Redefluss ist nicht zu bremsen. Eine Pause würde dem Gegenüber Gelegenheit zur Auseinandersetzung geben – und gerade dies soll vermieden werden.

Das Opfer ist ein Mensch, der sich prinzipiell unterwirft. Seine Brust ist nach vorn geneigt, der Blick gesenkt.

Der Selbstbewusste kennt seine Mitte. Er steht aufrecht und sein Blick ist frei. Er bewegt sich nicht zu viel, hat aber auch keine Hemmungen, große Be-

Traditionell würde niemand annehmen, dass eine höher gestellte Person Kaffee ausschenkt. Eine Chefin lässt von jemandem Kaffee bringen, außer beide sind hierarchisch auf einer Ebene.

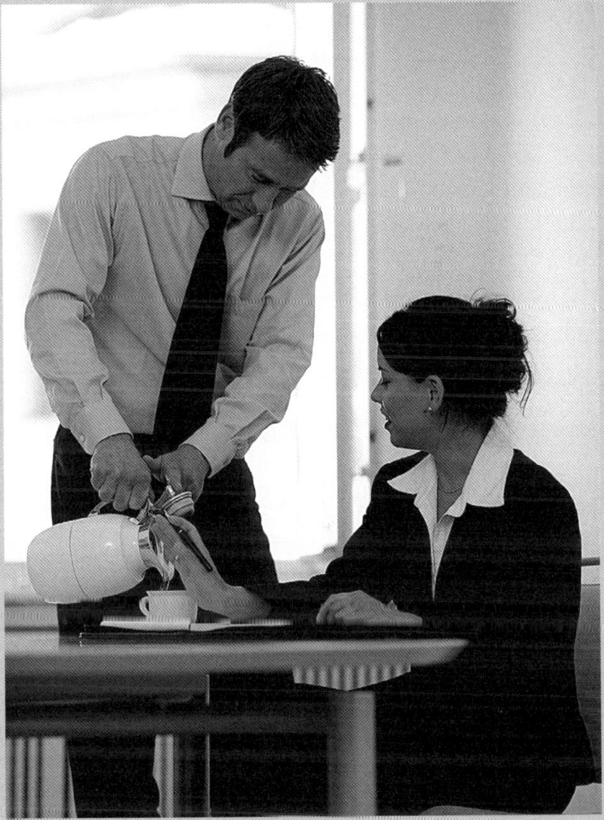

Die Situation zeigt Nähe und doch Distanz. Handbewegung, Blick sowie der Füllhalter in der Hand deuten an: Es bleibt sachlich.

wegungen auszuführen. Es gibt auch ein partielles Selbstbewusstsein, das nur im Rahmen eines Amtes oder einer besonderen Stellung existiert. Diese Menschen halten sich ebenfalls aufrecht, ihre Bewegungen verlassen jedoch nie einen gewissen Sicherheitsabstand.

Der Patriarch schließlich nimmt Ehren und Respekt als selbstverständlich. Er liebt es, seiner Umwelt Ratschläge zu geben und hält die Hand des anderen, als müsse er sie beschützen.

Schultern

Der Mensch trägt große Lasten auf seinen Schultern und auf seinem Rücken, weil er da starke Muskeln hat. Befreite, gerade Schultern signalisieren einfach: Ich trage keine Last, und zwar weder physisch noch psychisch. Alles, was den Menschen belastet, krümmt den Rücken, als trüge er eine schwere Last.

Wenn uns Gefahr droht, ziehen wir den Kopf ein und die Schultern werden angehoben.

Wer dem Gegenüber die Schulter entgegenstreckt statt sich ihm mit dem Mittelkörper zuzuwenden, signalisiert Ablehnung. Außerdem ist die kalte Schulter ein unbeweglicher Körperteil. Der Arm bleibt leblos, zeigt kein Signal von Geben und Nehmen.

Und wer über die Schulter spricht, redet wie über eine Mauer hinweg. Die blockierte Schulter lässt Bewegungen des Ellenbogens und des Handgelenks zu, legt aber alle weiteren und damit weiten Bewegungen lahm. Daher ist die lockere Schulter Voraussetzung für einen fließenden Bewegungsablauf. Schon beim Händeschütteln spürt man Lockerheit oder Blockierung. Blockiert der andere, lässt er niemanden an sich herankommen und kommt auch niemandem entgegen. Seine Hand bleibt inaktiv und ist nicht bereit zu handeln.

Sitzen

Die Art, wie jemand sitzt, ist Ausdruck seiner persönlichen Eigenart und inneren Verfassung, sie unterliegt aber auch äußeren Bedingungen und den direkten Reizen der jeweiligen Situation, auf die man durch Veränderung der Körperhaltung reagiert.

Betrachten wir zunächst die Ausnutzung der Sitzfläche. Wenn jemand mit vollem Körpergewicht auf der ganzen Sitzfläche Platz nimmt, so gibt er zu verstehen: Mir steht das zu, hier bleibe ich. Setzt sich jemand nur vorsichtig auf die Stuhlkante, so bleibt sein Schwerpunkt vorne und es ist ihm möglich, jede Sekunde aufzustehen. Dieses »auf dem Sprung sein«

Die Sitzordnung betont die Hierarchie (Kopfende), schafft jedoch durch den großen Abstand Distanz und erschwert die Kommunikation.

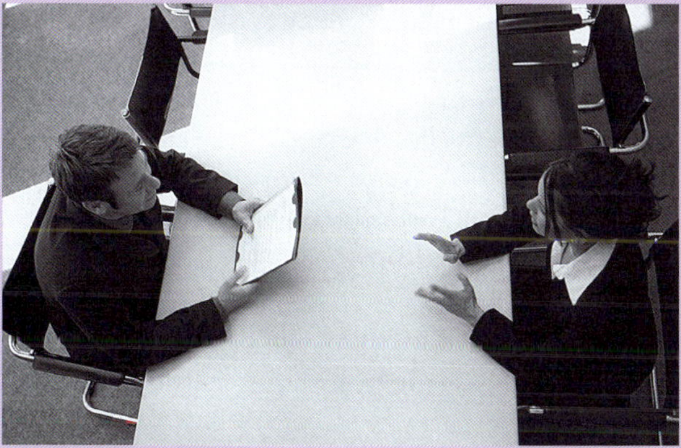

Das Hochhalten von Unterlagen baut eine Mauer auf (oben). Werden die Papiere zur Seite gelegt, kann die Energie fließen (unten).

verweist möglicherweise darauf, dass er wenig Zeit hat oder auch dass er bereit ist, dem Gastgeber jederzeit zur Hand zu gehen. Von da ist es nicht weit zur Unsicherheit: Man hat Angst, zu viel Zeit in Anspruch zu nehmen und ist darauf gefasst, gleich wieder entlassen zu werden. Auch ein Mangel an Selbstbewusstsein kann so hervortreten. Lässt sich hingegen jemand lasch in einen Sessel oder Stuhl fallen, fehlt es ihm möglicherweise an Festigkeit und Willen.

Wenn jemand sich zurücklehnt und mit Hilfe der Fußballen auf den Hinterbeinen seines Stuhles wippt, zieht er sich in eine Beobachterposition zurück. Er hat sich seine Meinung gebildet, vielleicht etwas gesagt und wartet jetzt auf den nächsten Anreiz, wieder ins Gespräch einzusteigen. Dann hört er auf zu pendeln, kippt vielleicht sogar nach vorne und zieht auf diese Weise die Aufmerksamkeit auf sich. Dieses Verhalten deutet auf Selbstbewusstsein und auch ein wenig Eitelkeit.

Wer sich auf die Armlehne eines – besetzten – Sessels setzt, demonstriert große Vertraulichkeit und manchmal ein bisschen zu viel Souveränität. Er möchte buchstäblich von oben herab ungezwungen oder lässig die Runde dominieren und das Thema bestimmen.

Die Haltung des Oberkörpers ist beim Sitzen genauso zu interpretieren wie beim Stehen: aufrecht bedeutet Vitalität, eingesunken deutet auf Passivität. Wenn Menschen zu nah nebeneinander sitzen, wird die Bewegungsfreiheit der Arme und damit die Energie insgesamt eingeschränkt.

Außerdem erlaubt das Sitzen noch eine Reihe von Varianten in der Fußstellung und Beinhaltung: so zum Beispiel das Übereinanderschlagen der Beine, das, je nach Richtung, die Hinwendung oder Abwendung vom Gesprächspartner signalisieren kann.

TIPP

Denken Sie bei einem Gespräch mit mehreren Kollegen, Geschäftspartnern oder auch im privaten Bereich an eine Sitzordnung. Wichtig ist, dass der Abstand zwischen den Kommunikationspartnern nicht zu groß ist, da das die Kommunikation erschwert und zu viel Energie kostet.

Soziale Signale

Sozialverhalten beginnt mit dem Leben in der Gruppe. Jeder Mensch wird in vorgegebene soziale Verhältnisse hineingeboren. Die sozialen Signale geben den hierarchischen Status an und weisen dem Einzelnen seinen Platz und seine Aufgabe zu. Sie verhalten sich analog zu den angeborenen: Distanzen, die angeborenes Sicherheitsstreben signalisieren, kehren als soziale Distanzen wieder, zum Beispiel gegenüber Vorgesetzten oder Menschen, die Macht innehaben.

Verschiedene Kulturen bringen unterschiedliche soziale Signale hervor und jede Gruppe entwickelt Signale, die ihrer Identität dienen. Die Identität zeigt sich in der Körpersprache und ebenso in der verbalen Sprache. Es handelt sich um Bewegungsarten: Rhythmus, Akzent, Modulation oder idiomatische Wendungen. Verhaltensmuster bestimmen den Bewegungsablauf und damit die Körpersprache. Eine Gruppe entwickelt dabei Gebote und Verbote. Sie bestimmt, welche individuellen Signale erlaubt sind und welche zurückgehalten werden.

Spielregeln

Wer in einer sozialen Gruppe wirken will, muss deren Spielregeln und Bedürfnisse kennen. Kann ich die Spielregeln akzeptieren und die Bedürfnisse der Gruppe befriedigen, brauche ich mich nur wenig anzupassen. Will ich integriert werden, reicht es nicht aus, den Bedürfnissen der Gemeinschaft zu genügen, sondern ich habe die Spielregeln zu befolgen. Wie weit meine Anpassung geht oder gehen muss, hängt von äußeren Zwängen und meiner individuellen Entscheidung ab.

Spielregeln spiegeln sich in kodierten Formen des Sprechens, des Verhaltens, der Kleidung und so weiter. Wer sich nicht anpassen will, wird sich bewusst gegen die Regeln kleiden und verhalten, er wird ein anderes Vokabular benutzen und damit Aufmerksamkeit auf sich ziehen, natürlich auf die Gefahr hin, die Harmonie zu stören.

Verhält sich jemand entgegen aller eingeführten Gepflogenheiten, weckt das Verdacht. Ein Außenseiter wird kritisch beäugt, kann aber auch faszinierend wirken und sogar Bewunderung hervorrufen.

Standpunkt

Wir stehen auf dem Boden, der uns trägt, und müssen empfinden, dass er dazu da ist, um uns zu tragen. Denn wer es dem Boden ersparen möchte, ihn zu tragen, der tut dem Boden nicht gut und sich selber auch nicht. Nicht fest auf dem Boden zu stehen – so, dass die Füße den Boden kaum zu berühren scheinen – , deutet auf einen Mangel an Kontaktfähigkeit. Wer nicht mit seinem ganzen Gewicht hinter den

Dingen steht, wird auch wenig Durchsetzungsfähigkeit entwickeln. Er ist stets fluchtbereit, rennt am liebsten vor der Verantwortung davon. Standfestigkeit zu beweisen, hat nichts damit zu tun, an seinem Platz zu kleben oder unbeweglich zu sein, weder im Privatleben noch im Beruf. Dazu kommt es erst, wenn ich meine Gelenke versteife und zum Beispiel die Kniegelenke blockiere, indem ich sie nach rückwärts drücke. Die Blockade bleibt keineswegs auf das Physische beschränkt: Kein Fortschritt ohne Schritt.

Ich brauche zunächst das Gefühl, dass mein Körper im Gleichgewicht ist und gerade über meinen beiden Füße steht. Sein Gewicht darf mich nicht nach vorne ziehen, so dass ich auf meine Füße fallen würde. Das Becken wird gerade gehalten. Knie und Gelenke sollten locker sein, nicht jedoch lasch. Die gesamte Fußsohle hat Kontakt zum Boden. Ich muss

TIPP

Wenn wir selbst das Gefühl haben, dass wir wissen, wo wir stehen, fließt auch die Energie ungestört durch den Körper, sie ist in ihrem natürlichen Fluss. Ich fühle mich nicht angestrengt – das würde passieren, wenn ich blockiere oder schiebe.

fühlen, dass ich auf dem Boden stehe. Den nur so erfahre ich körperlich, was es heißt, einen Standpunkt einzunehmen und ihn zu vertreten. Von diesem Standpunkt aus kann ich mich in jede Richtung bewegen. Aber, und das ist wichtig: Ich bewege mich von einem Standpunkt zu einem anderen und befinde mich auch hier auf festem Boden.

Status

Je lockerer und offener wir uns bewegen und unseren Bewegungsspielraum nutzen, um so deutlicher demonstrieren wir Angstfreiheit. Die Angst, Fehler zu machen, den Spielregeln zu widersprechen, drückt sich in einer verkrampften, unfreien Körperhaltung aus. Sie bezeichnet einen niedrigeren Platz in der Hierarchie. Hingegen ist die raumgreifende ruhige Bewegung ein wichtiges Statussignal, ein glaubwürdigeres als der große Wagen, der teure Anzug oder die elegante Uhr, obwohl viele dieser Dinge in der heutigen Konsumgesellschaft immer gerne eingesetzt werden, um anderen zu imponieren.

Hierarchische Stufen sind nicht immer ausschlaggebend für eine größere Freiheit der Bewegungen. Die Angst vor dem nächsthöheren Vorge-

Er macht unmissverständlich klar, dass etwas geklärt werden muss. Sie deutet einen Schnitt an, das kann heißen: Das geht so nicht ohne Weiteres.

Wer an der Tür stehen bleibt, signalisiert Höflichkeit und Respekt vor dem Territorium des andern, aber auch leichte Unsicherheit.

setzten, vor Kritik von oben oder unten, die Angst vor einer allgemeinen anonymen Gruppenerwartung und dem eigenen, davon abhängigen Fehlverhalten hält den Einzelnen in Spannung und verkrampft seine Bewegungsfreiheit. Nur die angstfreie Bewegung verleiht dauerhaft die Wirkung von Status und Kompetenz.

Territorium

Erfolg verleiht Status und damit entwickelt sich eine Beziehung zu Territorien. Ein erfolgsgewohnter Mensch wird beim Betreten eines Raumes nie an der Türschwelle stehen bleiben, sondern wie selbstverständlich eintreten, und zwar auch, wenn es sich nicht um sein eigenes, sondern um fremdes Territorium handelt. Er nimmt sich das Recht, den Raum ohne weiteres zu durchschreiten, bis zu der Stelle, an der er vom Herrn oder der Herrin des Territoriums empfangen wird. Wer nur bis zur Mitte des Raumes geht oder gar an der Türschwelle wartet, offenbart bereits seine Unsicherheit oder lässt erkennen, dass er nicht daran gewöhnt ist, größere Räume zu betreten, oder nicht den Mut hat, in das Territorium des andern einzudringen. Erfolgsmenschen besitzen diesen Mut, weil sie gewohnt sind, den Schritt ins Unbekannte oder ins Risiko zu gehen. Also gehen wir aufrecht bis zum Gastgeber durch den Raum, begrüßen ihn und tauschen ein paar höfliche Sätze.

Empfange ich selbst Gäste oder Geschäftspartner zu Hause, werde ich auf keinen Fall hinter meinem Tisch sitzen bleiben, denn damit wird eine Barriere aufgebaut. Die offene Begegnung sagt dem Partner: Ich begegne dir in offener Souveränität, ich komme dir als Person entgegen und geleite dich in meinen Raum, in mein Territorium.

Bei aller erwünschter Lockerheit der Atmosphäre gilt es, die Territorien des anderen zu respektieren. Der Schreibtisch des Gastgebers ist so ein ritueller Ort, den der Gast nicht einfach in Beschlag nehmen darf. Nicht ungeschickt verhält er sich, wenn er höflich fragt, ob er seine Akten darauf platzieren darf. Der Gastgeber hat so Gelegenheit, ihm einen Platz einzuräumen.

Auch die Zeit, über die man verfügt, kann als persönliches Territorium angesehen werden, das verletzt wird, wenn ein Gast unpünktlich ist oder ein Gespräch ungebührlich in die Länge zieht. Ebenso nimmt auch der Gastgeber Rücksicht auf das Zeit-Territorium des Gastes und vermeidet es, während des Gesprächs Telefonate anzunehmen oder »nebenher« noch bestimmte Dinge zu klären.

Die dominante oder hierarchisch höhergestellte Person bestimmt immer über die Zeit, sie legt fest, wann, wo und wie lang ein Gespräch stattfindet.

Ebenfalls als Territorium zu betrachten sind Wissensgebiete, in denen sich jemand besonders gut auskennt, oder Titel, die gewissermaßen das Territorium markieren und daher im Gespräch auch berücksichtigt werden sollten.

Verkrampfen

Wenn wir verkrampfen, versteift sich der Körper. Die Bewegungen verlangsamen sich und sind nicht mehr so geschmeidig. Sie fließen nicht mehr. Der Stau führt entweder zu einer Explosion oder zu einem Stillstand. Wir verkrampfen in den meisten Fällen aus Angst, etwas falsch zu machen, da der eigene Impuls in Widerspruch steht zu dem, was von uns erwartet wird.

Bewegungen lassen Informationen über den Einzelnen zu, und zugleich können wir selbst nur über Bewegungen zu Informationen kommen. Indem wir uns verkrampfen, meinen wir, nichts von uns preiszugeben, schneiden uns dabei jedoch selbst vom dringend benötigten Informationsfluss ab. Wenn wir mit einem verkrampften Menschen zu tun haben, können wir ihm sagen, was wir wollen, er wird es nicht aufnehmen. Anstatt durch Beweglichkeit eine Lösung zu ermöglichen, versetzt er seinen Körper in einen Stau. Er bewegt sich nicht von der Stelle, wagt nicht, den Raum, den er hat, in Anspruch zu nehmen. Die Augen suchen nach Fluchtmöglichkeiten, die aber auch nicht wahrgenommen werden. Er wiederholt seine Sätze, weil sich mit dem Körper auch die Gedanken verkrampfen.

Dieses System potenziert sich selbst. Denn wer es nicht wagt, Antworten von außen zu suchen, findet sich in einem ausweglosen Kreis.

Zähne

Schöne Zähne werden von allen bewundert. Zähne haben über das Nervennetz auch einen Einfluss auf den ganzen Körper und auf seine Wirkung. Ein ungepflegtes, schlechtes oder lückenhaftes Gebiss ruft entsprechend eine deutlich ablehnende Haltung in uns hervor.

Wer die Zähne häufig zusammenbeißt, ist mit Problemen beschäftigt, in die er sich buchstäblich verbissen hat. Er strahlt Unzufriedenheit aus und ist kaum ansprechbar, solange die Nuss noch nicht geknackt ist. – Er will nicht nehmen, nicht geben und auch nicht nachgeben.

Z Zunge

Bei angenehmen Geschmacksreizen presst sich die Zunge gegen den Gaumen, was mit einem Saugreflex verbunden ist. Das Geräusch des Schmatzens entsteht bei dem Versuch, die Geschmacksnerven zu stimulieren. Hingegen schiebt die Zunge das, was uns nicht schmeckt, im Mund hin und her oder drückt es hinaus. Analog reagiert sie auch auf Sekundärreize: Argumente, Gedanken und Empfindungen.

Das Herausstrecken der Zunge wird zu Recht als Abweisung und beleidigende Absicht verstanden. Der, die oder das schmeckt und passt uns gar nicht, wir wollen es loshaben. Dagegen leckt man sich mit der Zungenspitze die Lippen, wenn etwas gut schmeckt – als wolle die Zunge noch den letzten Krümel mitnehmen. Damit hängt auch zusammen, dass die langsame Bewegung der Zunge über die Lippen als erotisches Signal aufgenommen wird, das sexuelle Aktivität suggerieren und stimulieren soll. Dabei werden die Lippen angefeuchtet und man verstärkt dadurch ihren Glanz und ihre Sensibilität.

Dass manche Menschen häufig mit der Zunge über die Lippen fahren, kann daran liegen, dass Mund und Lippen in der Erregung schnell austrocknen. In einer anderen Bewegung sieht es aus, als suche die Zunge Reste auf den Lippen. Sie kann nach Gedankenresten suchen, oder es hat – geistig – so gut geschmeckt und gepasst, dass weiter nach Krümeln gesucht wird. Mancher genießt auf diese Weise seine eigene Schlagfertigkeit.

Wer mit der Zunge Reste zwischen den Zähnen sucht, will nicht unbedingt Speisereste finden, sondern manchmal auch Reste von Gedanken. Und wenn ich mir auf die Zunge beiße, bestrafe oder warne ich mich: Diese Bemerkung solltest du lieber nicht äußern!

Kontaktadressen und weiterführende Literatur

Wenn Sie an einem Seminar, Vortrag, Event oder Personality Coaching mit Samy Molcho interessiert sind, wenden Sie sich bitte an:

Joram Harel Management
Postfach 28
A-1182 Wien

Tel.: 0043 1 470 12 12
Fax: 0043 1 470 90 90
E-Mail: office@harel.at
http://www.samy-molcho.de

Wenn Sie mehr über Körpersprache wissen wollen: In den Büchern von Samy Molcho finden Sie weiterführende ausführliche Informationen.

Alles über Körpersprache, Mosaik 1995
Körpersprache der Kinder, Ariston Verlag 2005
Körpersprache des Erfolgs, Ariston Verlag 2005
Umarme mich, aber rühr mich nicht an, Ariston Verlag 2009

Der Autor

Samy Molcho, geboren 1936 in Tel Aviv, wurde durch seine Arbeit als Pantomime, Schauspieler und Regisseur international bekannt. Seine Bücher *Körpersprache der Kinder*, *Alles über Körpersprache* und *Körpersprache und Partnerschaft* fanden ein breites Publikum und sorgten für wachsendes Interesse am Thema Körpersprache.

Neben seiner künstlerischen Tätigkeit ist Samy Molcho emeritierter Professor an der Universität für Musik und darstellende Kunst am Max-Reinhardt-Seminar in Wien. Er ist verheiratet und hat vier Kinder. 2004 wurde er mit dem Großen Silbernen Ehrenzeichen für Verdienste um die Republik Österreich ausgezeichnet.